AF205662

Impressum
Verlag: BABADADA GmbH, Nedderfeld 112 , 22529 Hamburg
Geschäftsführer / Verlagsleitung: Harald Hof
Druck: Books on Demand GmbH, In de Tarpen 42, 22848 Norderstedt

Imprint
Publisher: BABADADA GmbH, Nedderfeld 112 , 22529 Hamburg, Germany
Managing Director / Publishing direction: Harald Hof
Print: Books on Demand GmbH, In de Tarpen 42, 22848 Norderstedt, Germany

skola

škola

klases telpa
učionica

dalīt
dijeliti

$186/2$

tāfele
ploča

skolas pagalms
školsko dvorište

skolotājs
učitelj

papīrs
papir

rakstīt
pisati

pildspalva
kemijska olovka

rakstāmgalds
pisaći stol

lineāls
ravnalo

grāmata
knjiga

skolēns
učenik

skolas soma

torba

penālis

pernica

zīmulis

grafitna olovka

zīmuļu asināmais

šiljilo za olovke

dzēšgumija

gumica za brisanje

zīmēšanas bloks

blok za crtanje

zīmējums
....
crtež

ota
....
kist

krāsas
....
kutija s bojama

šķēres
....
makaze

līme
....
ljepilo

darba burtnīca
....
bilježnica

mājas darbs
....
domaći zadatak

skaitlis
....
broj

saskaitīt
....
sabirati

atņemt
....
oduzimati

reizināt
....
množiti

rēķināt
....
računati

burts
....
slovo

alfabēts
....
abeceda

hello

vārds
....
riječ

teksts

tekst

lasīt

čitati

krīts

kreda

mācību stunda

sat

žurnāls

dnevnik

eksāmens

ispit

liecība

svjedodžba

skolas forma

školska uniforma

izglītība

obrazovanje

enciklopēdija

leksikon

universitāte

sveučilište

mikroskops

mikroskop

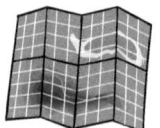

karte

karta

papīrgrozs

košara za papir

ceļojums
putovanje

viesnīca
hotel
Grand
hostelis
prenoćište
ROOMS
EXCHANGE
valūtas maiņas punkts
mjenjačnica
čemodāns
kofer
automašīna
auto

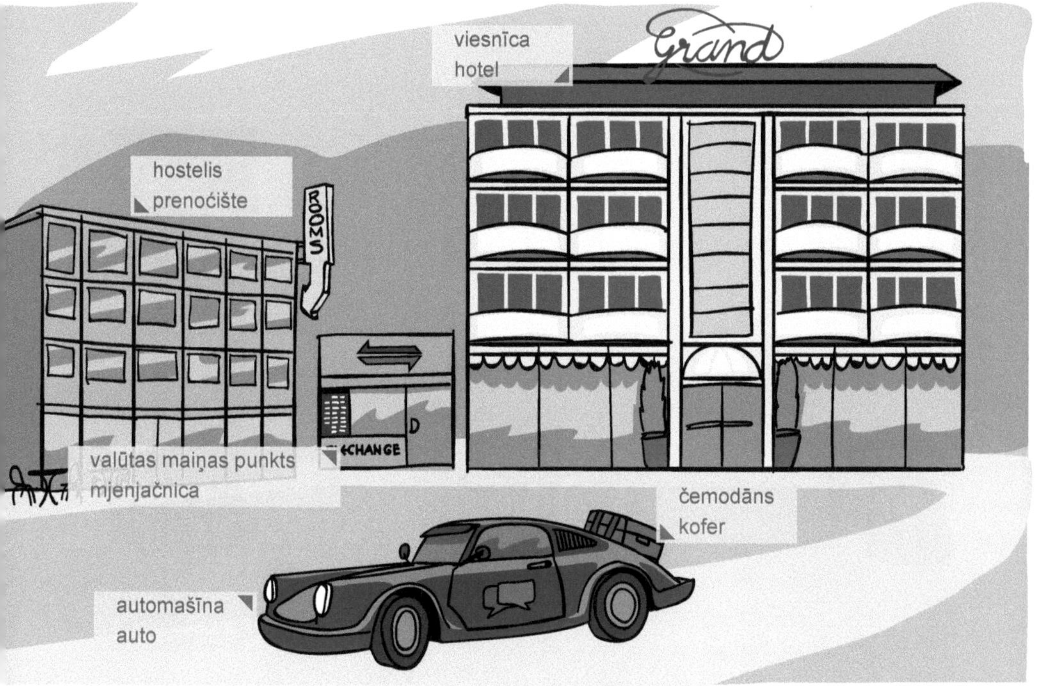

Valoda

jezik

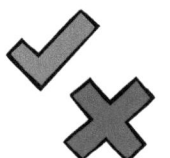

jā / nē

da / ne

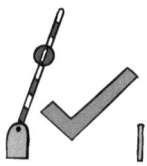

Okay

okay

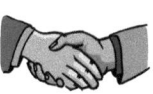

Sveiki!

zdravo

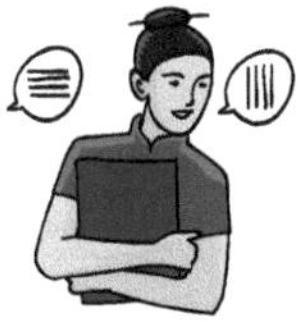

tulks

prevoditelj

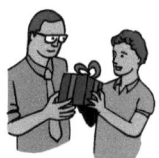

paldies

hvala

Cik maksā...?

Koliko košta...?

Es nesaprotu

ne razumijem

problēma

problem

Labvakar!

dobro veče!

Labrīt!

Dobro jutro!

Ar labu nakti!

Laku noć!

Uz redzēšanos

doviđenja

virziens

smjer

bagāža

prtljaga

soma

torba

mugursoma

ruksak

viesis

gost

istaba

soba

guļammaiss

vreća za spavanje

telts

šator

tūrisma informācija

turističke informacije

pludmale

plaža

kredītkarte

kreditna kartica

brokastis

doručak

pusdienas

ručak

vakariņas

večera

biļete

karta za vožnju

lifts

dizalo

pastmarka

poštanska markica

robeža

granica

muita

carina

vēstniecība

ambasada

vīza

viza

pase

putovnica

ceļojums - putovanje

transports
transport

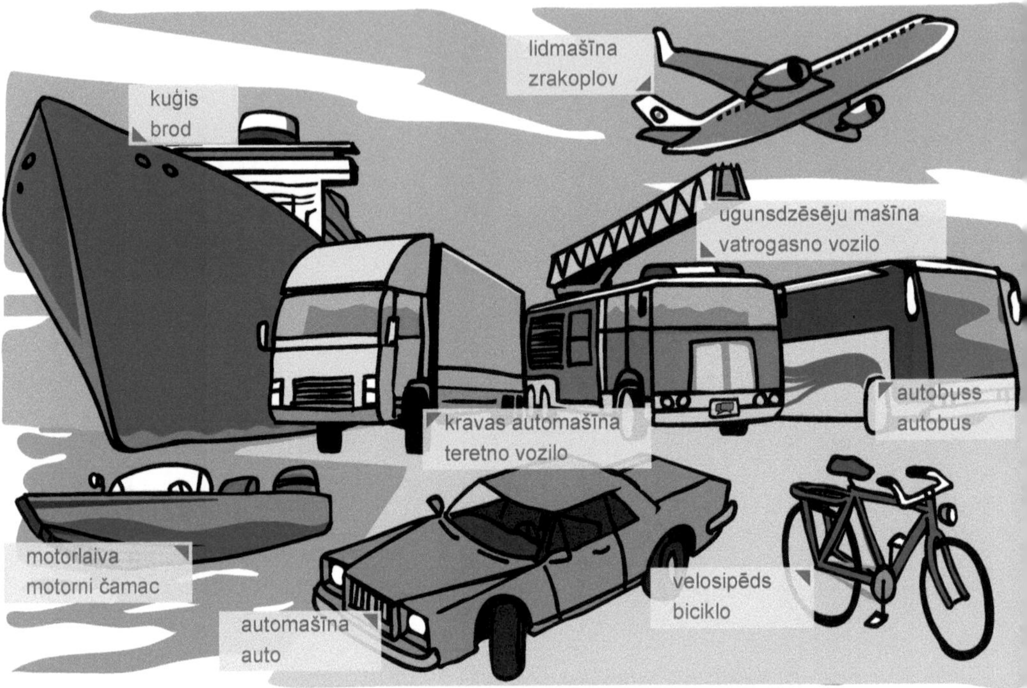

lidmašīna
zrakoplov
kuģis
brod
ugunsdzēsēju mašīna
vatrogasno vozilo
autobuss
autobus
kravas automašīna
teretno vozilo
motorlaiva
motorni čamac
velosipēds
biciklo
automašīna
auto

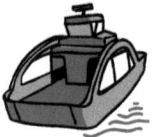

prāmis
trajekt

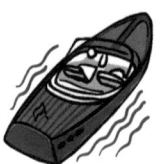

laiva
čamac

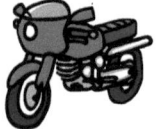

motocikls
motocikl

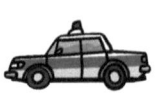

policijas automašīna
policijski auto

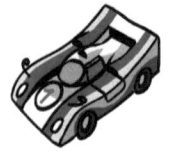

sacīkšu automobilis
trkaći auto

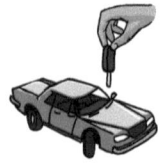

nomas auto
iznajmljeno auto

auto koplietošana

dijeljenje automobila

evakuators

vučno vozilo

atkritumu mašīna

vozilo za odvoz smeća

dzinējs

motor

benzīns

benzin

degvielas uzpildes stacija

benzinska postaja

ceļa zīme

prometni znak

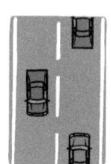

satiksme

promet

sastrēgums

zastoj

stāvvieta

parkiralište

dzelzceļa stacija

kolodvor

sliedes

šine

vilciens

vlak

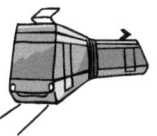

tramvajs

tramvaj

vagons

vagon

helikopters
helikopter

lidosta
zrakoplovna luka

tornis
toranj

pasažieris
putnik

konteiners
kontejner

kaste
karton

ratiņi
kolica

grozs
košara

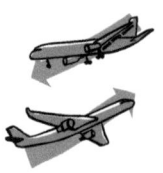

pacelties / nosēsties
uzletjeti / sletjeti

pilsēta
grad

ciems
selo

pilsētas centrs
centar grada

māja
kuća

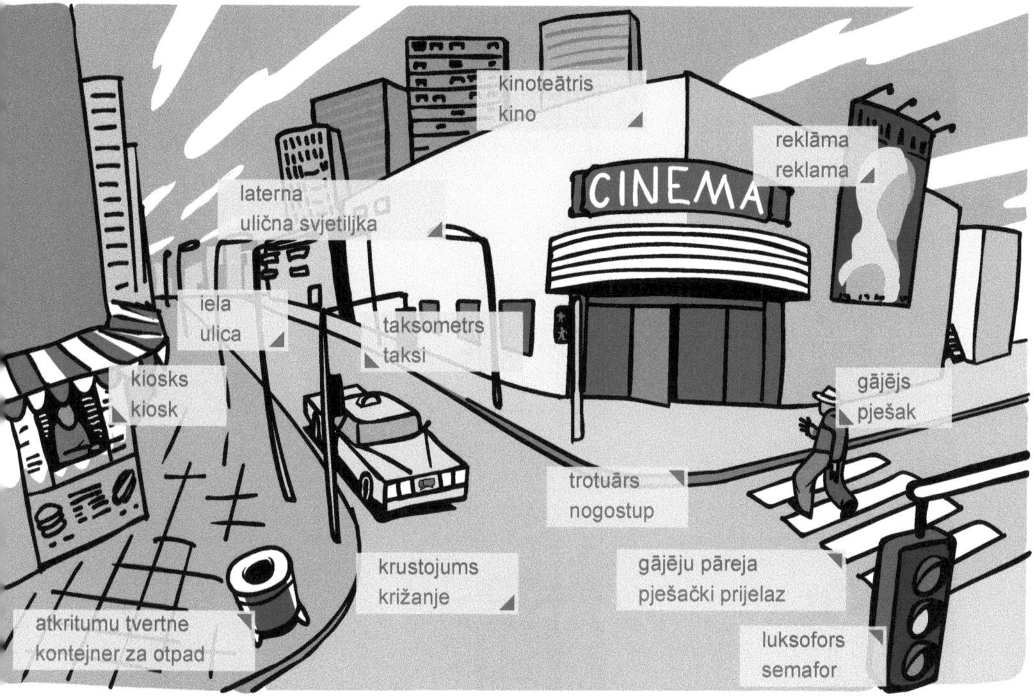

kinoteātris
kino

reklāma
reklama

laterna
ulična svjetiljka

CINEMA

iela
ulica

taksometrs
taksi

gājējs
pješak

kiosks
kiosk

trotuārs
nogostup

krustojums
križanje

gājēju pāreja
pješački prijelaz

atkritumu tvertne
kontejner za otpad

luksofors
semafor

būda
....
koliba

dzīvoklis
....
stan

dzelzceļa stacija
....
kolodvor

rātsnams
....
vijećnica

muzejs
....
muzej

skola
....
škola

pilsēta - grad

11

universitāte

sveučilište

banka

banka

slimnīca

bolnica

viesnīca

hotel

aptieka

ljekarna

birojs

ured

grāmatnīca

knjižara

veikals

prodavaonica

ziedu veikals

cvjećara

lielveikals

supermarket

tirgus

trg

tirdzniecības centrs

robna kuća

zivju tirgotājs

ribarnica

tirdzniecības centrs

trgovački centar

osta

luka

parks
park

sols
klupa

tilts
most

kāpnes
stepenice

metro
podzemna željeznica

tunelis
tunel

autobusa pieturvieta
autobusna stanica

bārs
bar

restorāns
restoran

pastkastīte
poštansko sanduče

ielas nosaukuma plāksne
ulični znak

stāvlaika skaitītājs
parkirni sat

zooloģiskais dārzs
zoološki vrt

peldbaseins
bazen

mošeja
džamija

zemnieku saimniecība

seosko gazdinstvo

vides piesārņojums

zagađenje okoliša

kapsēta

groblje

baznīca

crkva

spēļu laukums

igralište

templis

hram

ainava

krajolik

lapa
list

ceļrādis
putokaz

ceļš
put

pļava
livada

akmens
kamen

koks
drvo

ceļotājs
šetač

upe
rijeka

zāle
trava

puķe
cvijet

ieleja
....
dolina

kalns
....
planina

ezers
....
jezero

mežs
....
šuma

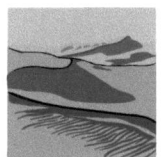

tuksnesis
....
pustinja

vulkāns
....
vulkan

pils
....
dvorac

varavīksne
....
duga

sēne
....
gljiva

palma
....
palma

moskīts
....
moskito

muša
....
muha

skudra
....
mrav

bite
....
pčela

zirneklis
....
pauk

vabole

buba

varde

žaba

vāvere

vjeverica

ezis

jež

zaķis

zec

pūce

sova

putns

ptica

gulbis

labud

meža cūka

divlja svinja

briedis

jelen

alnis

los

aizsprosts

nasip

vēja ģenerators

vjetrenjača

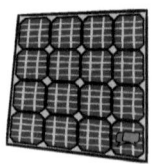

saules baterija

solarna ploča

klimats

klima

ainava - krajolik

restorāns
restoran

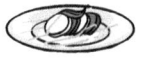

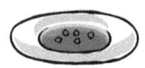

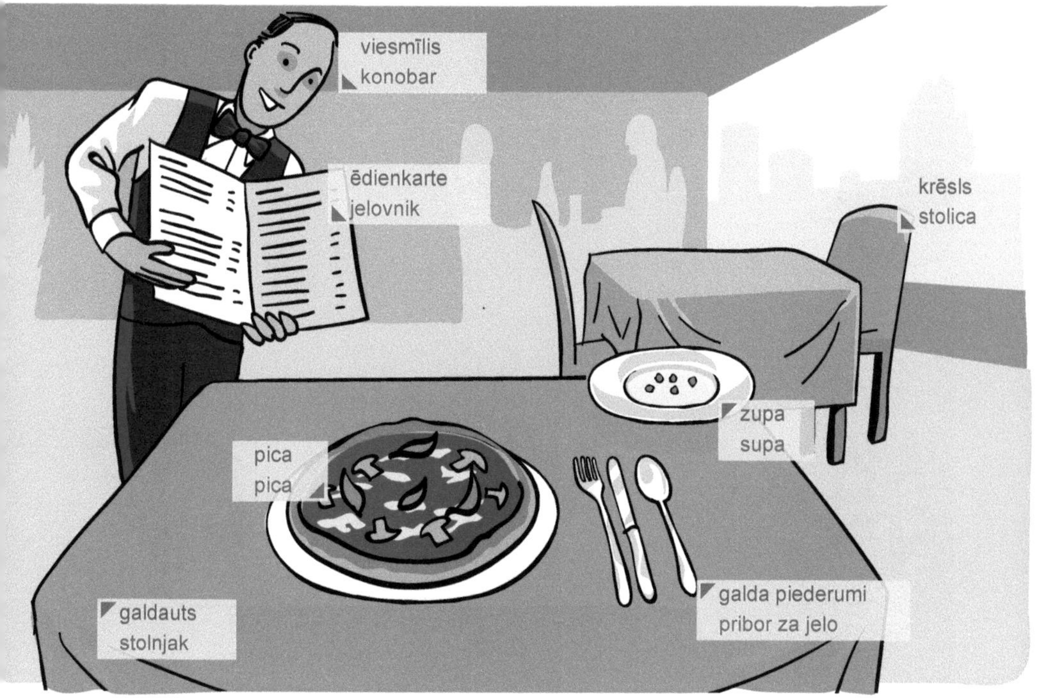
viesmīlis
konobar
ēdienkarte
jelovnik
krēsls
stolica
zupa
supa
pica
pica
galda piederumi
pribor za jelo
galdauts
stolnjak

uzkoda
predjelo

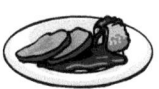

pamatēdiens
glavno jelo

deserts
desert

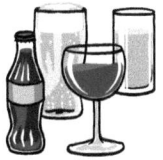

dzērieni
napitci

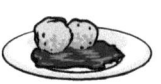

ēdiens
jelo

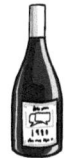

pudele
boca

ātrās uzkodas

fastfood

ielu uzkodas

imbis hrana

tējkanna

čajnik

cukurtrauks

doza za šećer

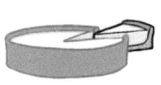

porcija

porcija

espresso kafijas automāts

aparat za espresso

bāra krēsls

visoka stolica

rēķins

račun

paplāte

pladanj

nazis

nož

dakša

vilica

karote

žlica

tējkarote

čajna žlica

salvete

ubrus

glāze

čaša

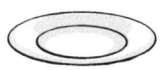

šķīvis

tanjur

zupas šķīvis

tanjur za supu

apakštase

tanjurić

mērce

sos

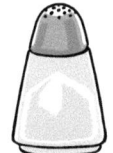

sāls trauciņš

soljenka

piparu dzirnaviņas

mlin za biber

etiķis

ocat

eļļa

ulje

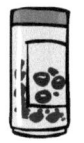

garšvielas

začini

kečups

kečap

sinepes

senf

majonēze

majoneza

lielveikals
supermarket

piedāvājums
ponuda
klients
kupac
FOR
piena produkti
mliječni proizvodi
augļi
voće
iepirkumu ratiņi
kolica za kupnju

BUTCHERS

kautuve

mesnica

BAKERY

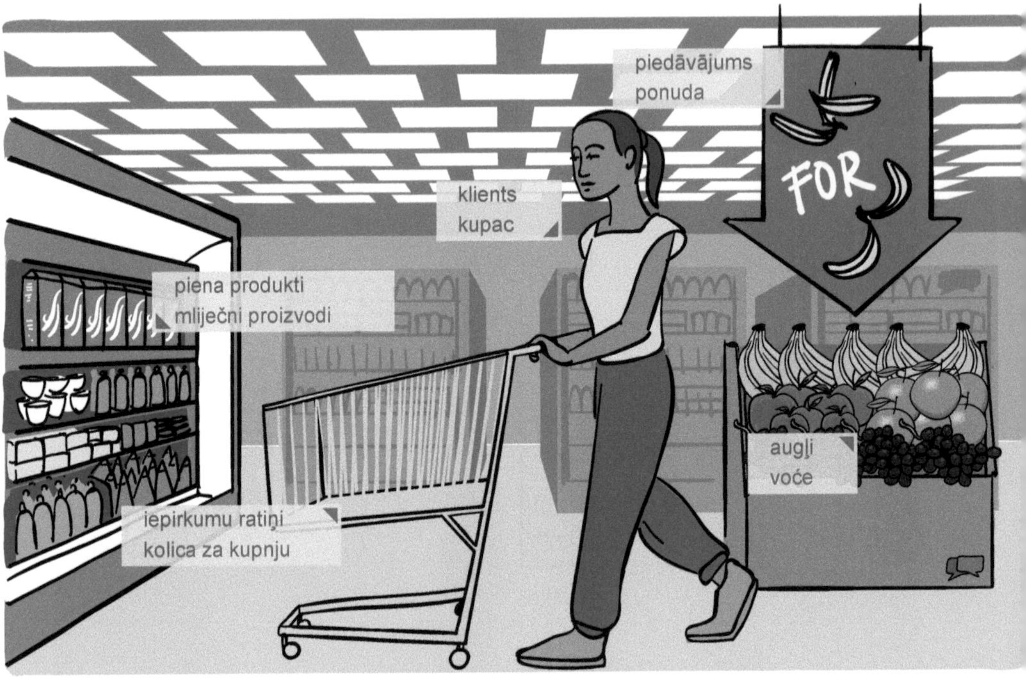

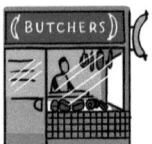

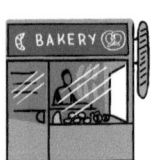

maizes veikals

pekarnica

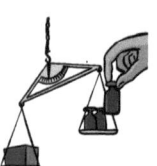

svērt

vagati

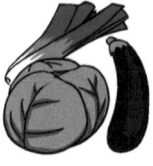

dārzeņi

povrće

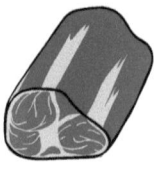

gaļa

meso

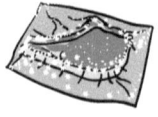

saldēti produkti

duboko smrznuta hrana

aukstās gaļas uzkodas

narezak

konservi

konzerve

pulveris

sredstvo za pranje

saldumi

slatkiši

mājsaimniecības preces

artikli za domaćinstvo

tīrīšanas līdzeklis

sredstva za čišćenje

pārdevēja

prodavačica

kase

blagajna

kasieris

blagajnik

iepirkumu saraksts

lista za kupnju

darba laiks

vrijeme rada

maks

novčanik

kredītkarte

kreditna kartica

soma

torba

maisiņš

plastična vrećica

ūdens
voda

sula
sok

piens
mlijeko

kola
cola

vīns
vino

alus
pivo

alkohols
alkohol

kakao
kakao

tēja
čaj

kafija
kava

espresso
espresso

kapučīno
cappuccino

banāns
banana

ābols
jabuka

apelsīns
naranča

melone
lubenica

citrons
limun

burkāns
mrkva

ķiploks
češnjak

bambuss
bambus

sīpols
luk

sēne
gljiva

rieksti
orašasti plodovi

makaroni
rezanci

spageti

špagete

rīsi

riža

salāti

salata

frī kartupeļi

pomfrit

cepti kartupeļi

pečeni krumpir

pica

pica

hamburgers

hamburger

sviestmaize

sendvič

šnicele

šnicla

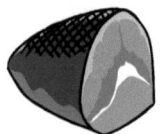

šķiņķis

pršut

salami

salama

desa

kobasica

vista

kokoš

cepetis

pečenje

zivs

riba

auzu pārslas

zobene pahuljice

muslis

musli

brokastu pārslas

kukuruzne pahuljice

milti

brašno

radziņš

roščić

brokastu maizītes

pecivo

maize

kruh

tostermaize

toast

cepumi

keksi

sviests

maslac

biezpiens

svježi sir

kūka

kolač

ola

jaje

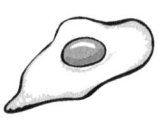

cepta ola

jaje na oko

siers

sir

saldējums

sladoled

cukurs

šećer

medus

med

marmelāde

marmelada

riekstu krēms

nugat krema

karijs

curry

zemnieku saimniecība
seosko gazdinstvo

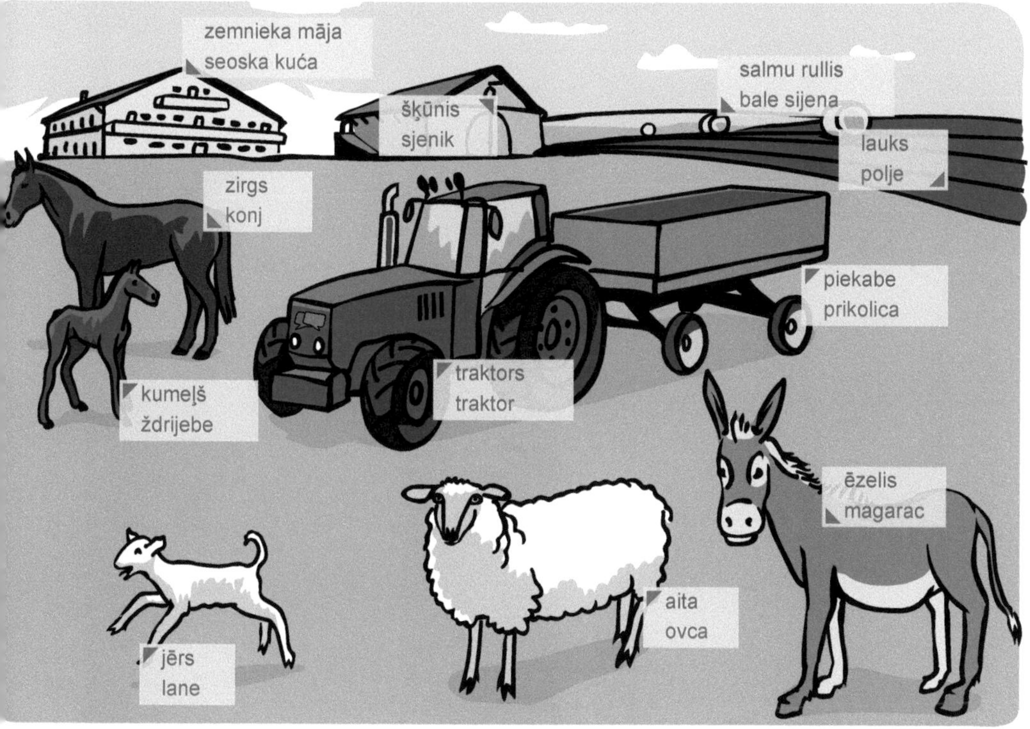
zemnieka māja
seoska kuća
šķūnis
sjenik
salmu rullis
bale sijena
lauks
polje
zirgs
konj
piekabe
prikolica
traktors
traktor
kumeļš
ždrijebe
ēzelis
magarac
aita
ovca
jērs
lane

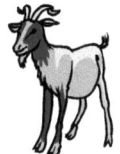

kaza

koza

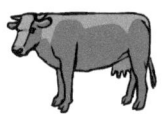

govs

krava

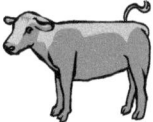

teļš

tele

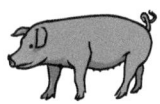

cūka

svinja

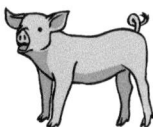

sivēns

prase

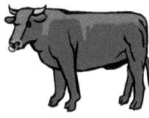

bullis

bik

zoss
guska

pīle
patka

cālis
pilići

vista
kokoš

gailis
pijetao

žurka
pacov

kaķis
mačka

pele
miš

vērsis
vol

suns
pas

suņa būda
kućica za psa

dārza šļūtene
vrtno crijevo

lejkanna
kanta za polijevanje

izkapts
kosa

arkls
plug

sirpis

srp

kaplis

motika

mēslu dakša

vilica za gnojivo

cirvis

sjekira

ķerra

tačke

sile

korito

piena kanna

posuda za mlijeko

maiss

vreća

žogs

ograda

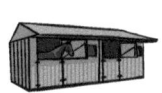

kūts

štala

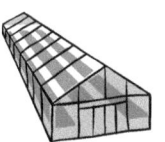

siltumnīca

staklenik

augsne

zemlja

sēklas

sjeme

mēslojums

gnojivo

kombains

kombajn

novākt ražu

žanjati

raža

žetva

jamss

yams začin

kvieši

pšenica

soja

soja

kartupelis

krumpir

kukurūza

kukuruz

rapsis

uljana repica

augļu koks

voćka

manioka

gomolj manioke

labība

žitarice

māja
kuća

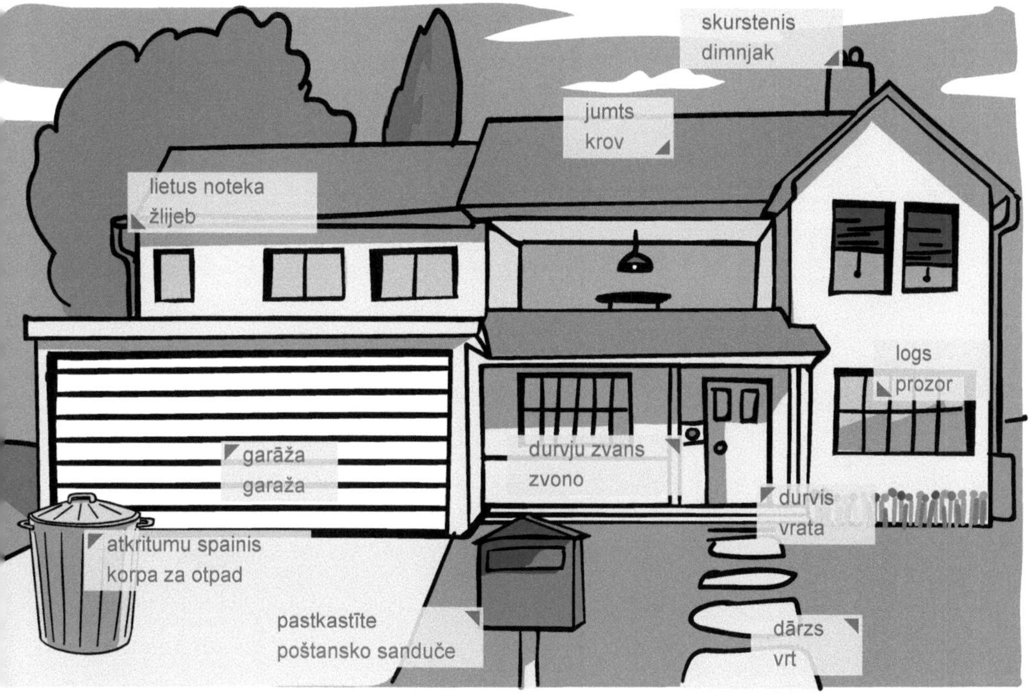

skurstenis
dimnjak
jumts
krov
lietus noteka
žlijeb
logs
prozor
garāža
garaža
durvju zvans
zvono
durvis
vrata
atkritumu spainis
korpa za otpad
pastkastīte
poštansko sanduče
dārzs
vrt

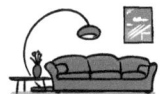

viesistaba

dnevna soba

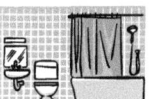

vannas istaba

kupaonica

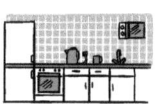

virtuve

kuhinja

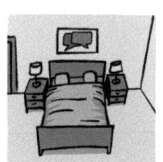

guļamistaba

spavaća soba

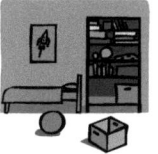

bērnu istaba

dječija soba

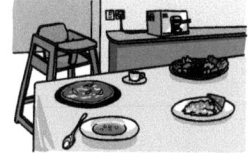

ēdamistaba

trpezarija

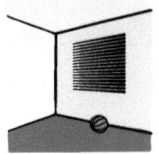

grīda

pod

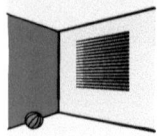

siena

zid

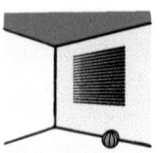

griesti

strop

pagrabs

podrum

sauna

sauna

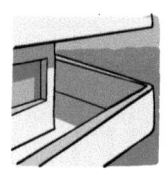

balkons

balkon

terase

terasa

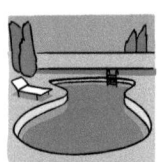

baseins

bazen

zāles pļāvējs

kosilica za travu

gultas veļa

posteljina za krevet

sega

deka za krevet

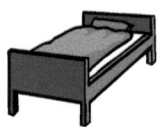

gulta

krevet

slota

metla

spainis

kanta

slēdzis

sklopka

viesistaba
dnevna soba

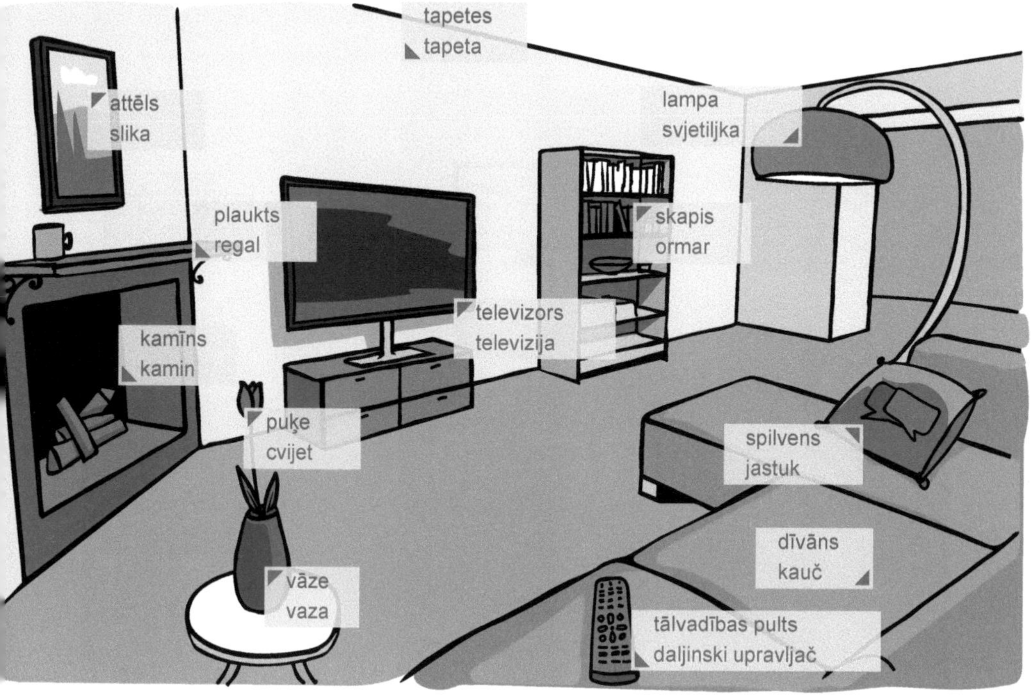

tapetes
tapeta
attēls
slika
lampa
svjetiljka
plaukts
regal
skapis
ormar
televizors
televizija
kamīns
kamin
puķe
cvijet
spilvens
jastuk
dīvāns
kauč
vāze
vaza
tālvadības pults
daljinski upravljač

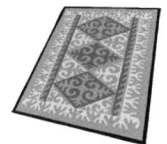

paklājs

tepih

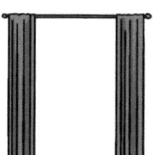

aizkars

zavjesa

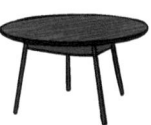

galds

stol

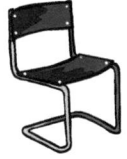

krēsls

stolica

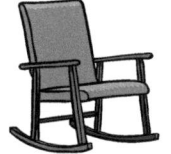

šūpuļkrēsls

stolica za njihanje

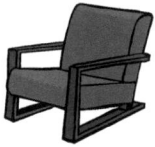

atpūtas krēsls

fotelja

grāmata

knjiga

sega

deka

dekorācija

dekoracija

malka

drvo za ogrjev

filma

film

mūzikas centrs

stereo uređaj

atslēga

ključ

avīze

novine

glezna

slika na platnu

plakāts

poster

radio

radio

pierakstu blociņš

blok za pisanje

putekļu sūcējs

usisavač

kaktuss

kaktus

svece

svijeća

virtuve
kuhinja

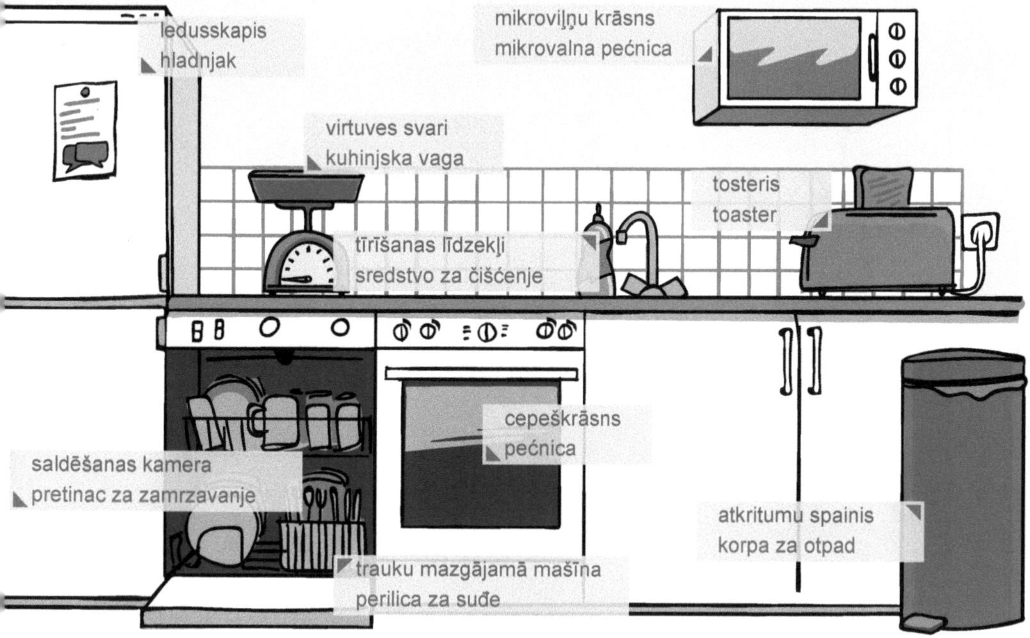
ledusskapis
hladnjak
mikroviļņu krāsns
mikrovalna pećnica
virtuves svari
kuhinjska vaga
tosteris
toaster
tīrīšanas līdzekļi
sredstvo za čišćenje
cepeškrāsns
pećnica
saldēšanas kamera
pretinac za zamrzavanje
atkritumu spainis
korpa za otpad
trauku mazgājamā mašīna
perilica za suđe

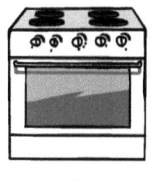

plīts

štednjak

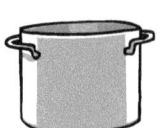

pods

lonac

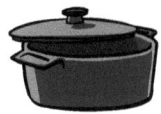

katls

željezni lonac

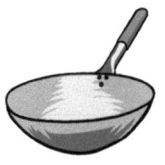

Wok panna

wok / kadai

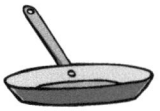

panna

tava

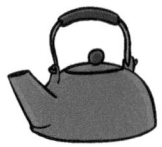

elektriskā tējkanna

kuhalo za vodu

tvaika katls
kuhalo na paru

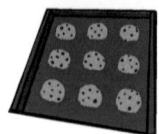

cepešpanna
lim za pečenje

trauki
posuđe

krūze
čaša

bļoda
zdjela

irbulīši
štapići za jelo

kauss
kutljača

lāpstiņa
lopatica

putošanas slotiņa
pjenjača

sietiņš
sito za kuhanje

siets
sito

rīve
ribež

piesta
mužar

grilēt
roštilj

atklāts pavards
ognjište

dēlis

daska

mīklas rullis

oklagija

korķu viļķis

vadičep

bundža

konzerva

konservu nazis

otvarač konzervi

virtuves cimdi

krpa za lonac

izlietne

sudoper

birste

četka

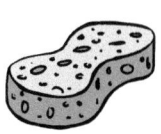

sūklis

spužva

mikseris

mikser

saldētava

zamrzivač

bērna pudelīte

bočica za bebe

ūdenskrāns

slavina za vodu

vannas istaba
kupaonica

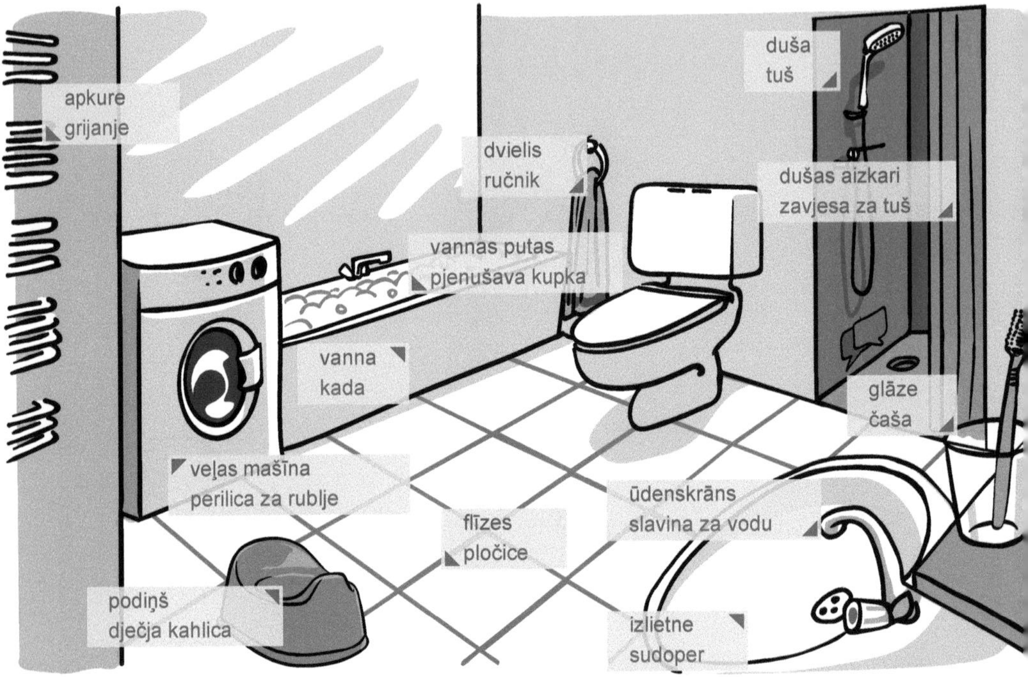

apkure
grijanje
dvielis
ručnik
duša
tuš
dušas aizkari
zavjesa za tuš
vannas putas
pjenušava kupka
vanna
kada
glāze
čaša
veļas mašīna
perilica za rublje
ūdenskrāns
slavina za vodu
flīzes
pločice
podiņš
dječja kahlica
izlietne
sudoper

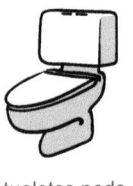

tualetes pods

toalet

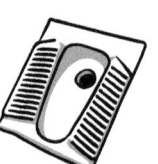

Āzijas tipa tualete

čučavac

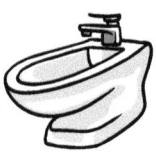

bidē

bidet

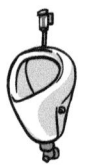

pisuārs

pisoar

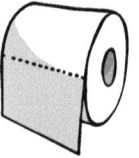

tualetes papīs

papir za toalet

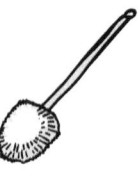

tualetes birste

četka za toalet

zobu birste

četkica za zube

zobu pasta

pasta za zube

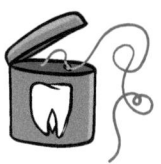

zobu diegs

konac za zube

mazgāt

prati

rokas duša

tuš ručica

duša

tuš za pranje intimnih dijelova

bļoda

lavor

muguras mazgāšanas birste

četka za pranje leđa

ziepes

sapun

dušas želeja

gel za tuširanje

šampūns

šampon

mazgāšanas drāna

krpa za pranje

noteka

odvod

krēms

krema

dezodorants

dezodorans

spogulis

ogledalo

spogulītis

kozmetičko ogledalo

skuveklis

brijač

skūšanās putas

pjena za brijanje

losjons pēc skūšanās

losion za poslije brijanja

ķemme

češalj

matu suka

četka

matu fēns

sušilo za kosu

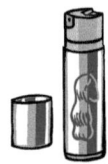

matu laka

sprej za kosu

grima komplekts

makeup

lūpu krāsa

ruž za usne

nagulaka

lak za nokte

vate

vata

šķērītes

škare za nokte

smaržas

parfem

kosmētikas maks

neseser

ķeblītis

stolica

svari

vaga

halāts

ogrtač

tīrīšanas cimdi

rukavice za čišćenje

tampons

tampon

pakete

uložak

ķīmiskā tualete

kemijski toalet

bērnu istaba
dječija soba

modinātājs
budilnik
mīkstā rotaļlieta
plišana igračka
spēļu automašīna
auto igračka
grabulis
zvečka
leļļu māja
kućica za lutke
dāvana
poklon

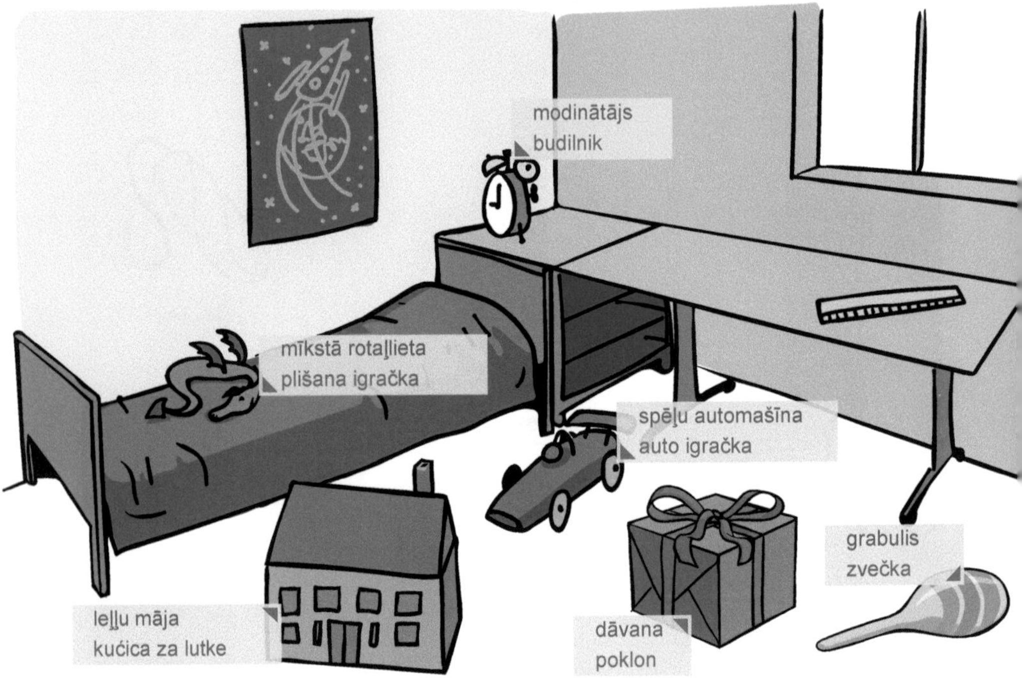

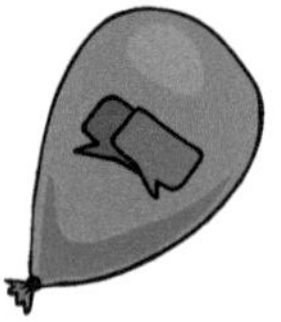

balons
balon

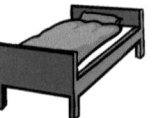

gulta
krevet

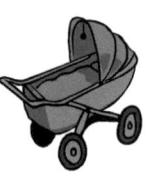

bērnu ratiņi
dječija kolica

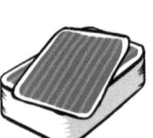

kārtis
igra s kartama

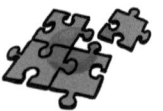

puzle
slagalica

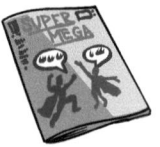

komikss
strip

LEGO klucīši

lego kockice

klucīši

kockice za slaganje

varoņu figūra

akcioni junak

rāpulītis

kombinezon za bebe

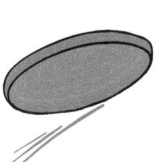

lidojošais šķīvītis

frizbi

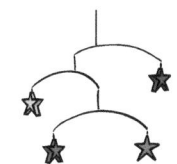

muzikālais karuselis

viseće igračke

galda spēle

društvene igre

metamais kauliņš

kocka

rotaļu dzelzceļš

minijaturna željeznica

māneklis

duda

ballīte

tulum

bilžu grāmata

slikovnica

bumba

lopta

lelle

lutka

spēlēt

igrati

smilšu kaste

pješčanik

šūpoles

ljuljačka

rotaļlietas

igračka

spēļu konsole

konzola za igre

trīsritenis

tricikl

plīša lācītis

plišani medo

drēbju skapis

ormar

apģērbs
odjeća

īszeķes

kratke čarape

zeķes

čarape

zeķbikses

hulahopke

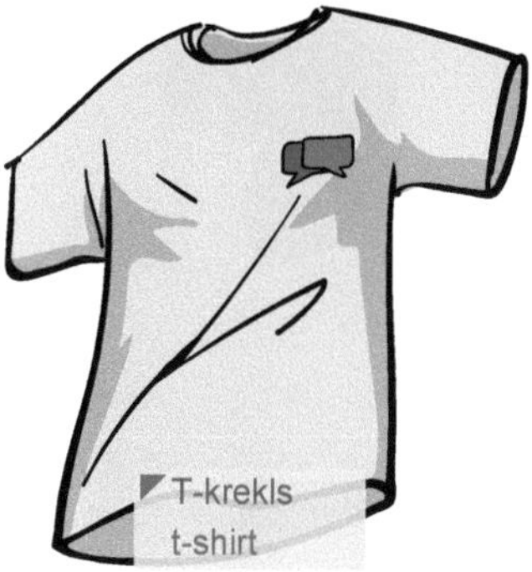

šalle
šal

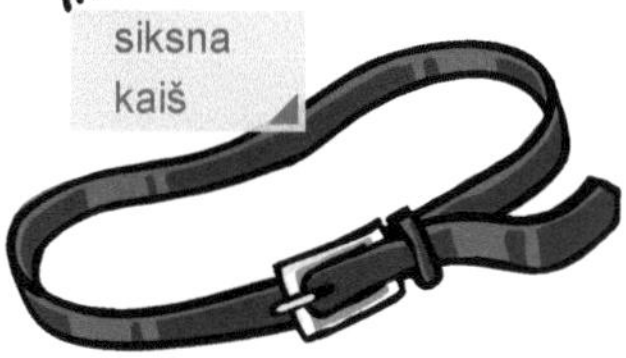

lietussargs
kišobran

siksna
kaiš

T-krekls
t-shirt

zābaks
čizme

čības
papuče

botas
patike

sandales
....
sandale

kurpes
....
cipele

gumijas zābaki
....
gumene čizme

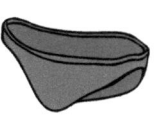
apakšbikses
....
gaćice

krūšturis
....
grudnjak

apakškrekls
....
potkošulja

bodijs
bodi

bikses
hlače

džinsi
džins

svārki
haljina

blūze
bluza

krekls
košulja

pulovers
džemper

džemperis
pulover s kapuljačom

žakete
blejzer

jaka
jakna

mētelis
kaput

lietus mētelis
kabanica

kostīms
kostim

kleita
haljina

kāzu kleita
vjenčanica

uzvalks

odijelo

naktskrekls

spavaćica

pidžama

pidžama

sari

sari

lakats

rubac

turbāns

turban

burka

burka

kaftāns

kaftan

abaja

abaja

peldkostīms

kupaći kostim

peldbikses

kupaće gaćice

šorti

kratke hlače

treniņtērps

odjeća za trening

priekšauts

pregača

cimdi

rukavice

poga

gumb

brilles

naočale

rokassprādze

narukvica

kaklarota

ogrlica

gredzens

prsten

auskars

naušnica

cepure

kapa

drēbju pakaramais

vješalica

platmale

šešir

kaklasaite

kravata

rāvējslēdzējs

patent zatvarač

ķivere

kaciga

bikšturi

naramenice

skolas forma

školska uniforma

uniforma

uniforma

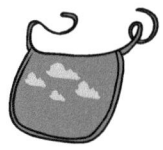

priekšautiņš

podbradak

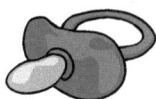

māneklis

duda

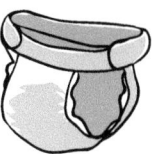

autiņbiksītes

pelena

birojs

ured

serveris
server
dokumentu skapis
ormar za spise
printeris
pisač
papīrs
papir
monitors
monitor
pele
miš
rakstāmgalds
pisaći stol
dokumentu vāki
mapa
klaviatūra
tipkovnica
papīrgrozs
košara za papir
dators
računar
krēsls
stolica

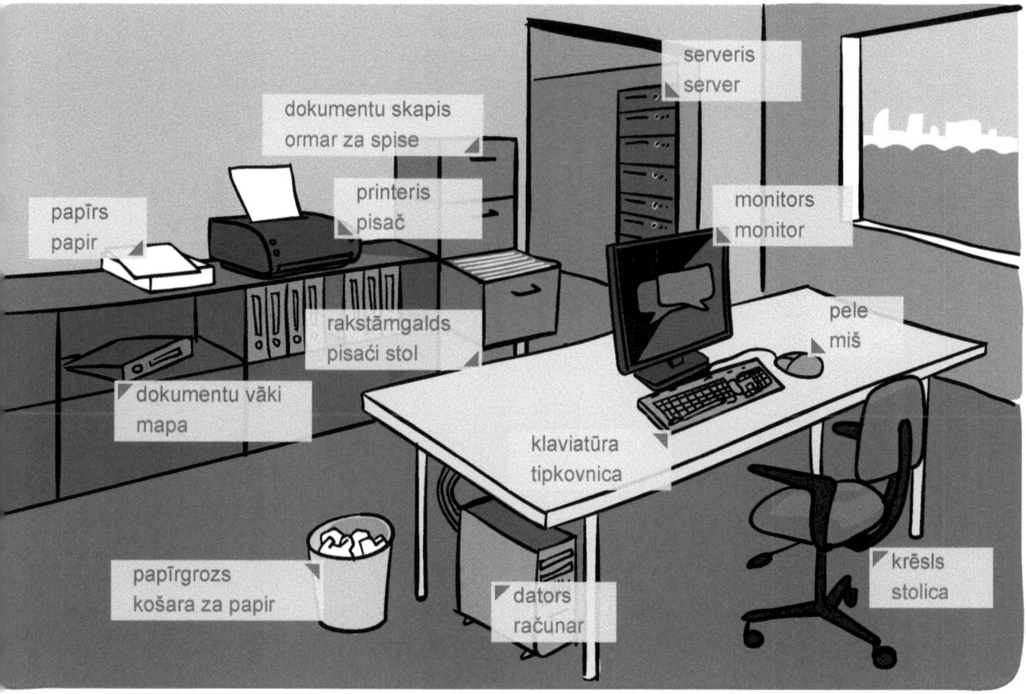

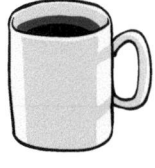

kafijas krūze

šalica za kavu

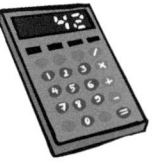

kalkulators

kalkulator

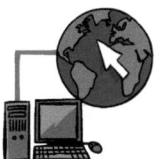

internets

internet

portatīvais dators
laptop

vēstule
pismo

ziņa
poruka

mobilais tālrunis
mobilni telefon

tīkls
mreža

kopētājs
uređaj za kopiranje

programmatūra
softver

telefons
telefon

rozete
utičnica

faksa aparāts
faks

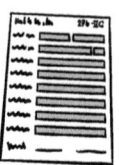

formulārs
obrazac

dokuments
dokument

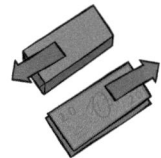

pirkt

kupovati

samaksāt

platiti

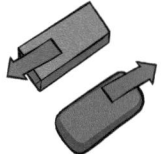

tirgot

trgovati

nauda

novac

USD

dolārs

dolar

EUR

eiro

euro

JPY

jēna

jen

RUB

rublis

rubalj

CHF

franks

švicarski franak

CNY

juaņa renminbi

renmindbi yuan

INR

rūpija

rupija

bankomāts

automat za novac

valūtas maiņas punkts

mjenjačnica

zelts

zlato

sudrabs

srebro

nafta

nafta

enerģija

energija

cena

cijena

līgums

ugovor

nodoklis

porez

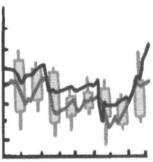

akcija

dionica

strādāt

raditi

darbinieks

službenik

darba devējs

poslodavac

fabrika

tvornica

veikals

prodavaonica

profesijas
zanimanja

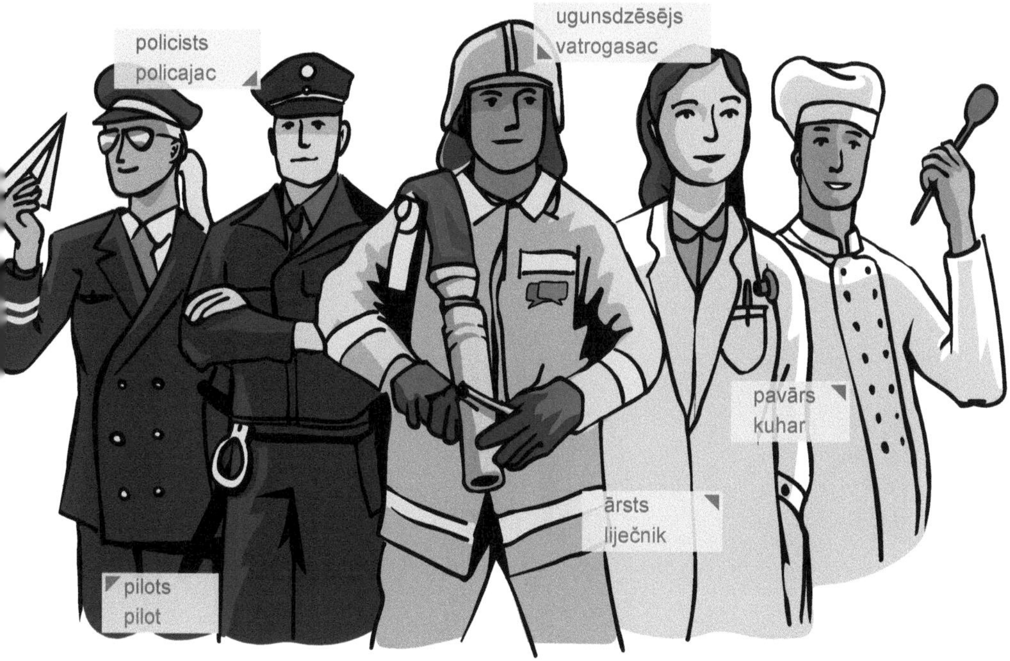
policists
policajac
ugunsdzēsējs
vatrogasac
pavārs
kuhar
ārsts
liječnik
pilots
pilot

dārznieks

vrtlar

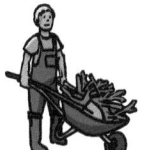

galdnieks

stolar

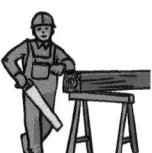

šuvēja

krojačica

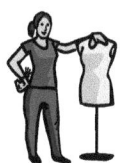

tiesnesis

sudija

ķīmiķis

kemičar

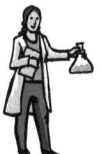

aktieris

glumac

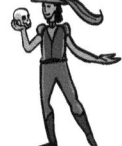

autobusa vadītājs

vozač autobusa

taksometra vadītājs

vozač taksija

zvejnieks

ribar

apkopēja

čistačica

jumiķis

krovopokrivač

viesmīlis

konobar

mednieks

lovac

gleznotājs

slikar

maiznieks

pekar

elektriķis

električar

celtnieks

građevinski radnik

inženieris

inženjer

miesnieks

mesar

skārdnieks

limar

pastnieks

poštar

karavīrs

vojnik

arhitekts

arhitekta

kasieris

blagajnik

florists

cvjećar

frizieris

frizer

konduktors

kondukter

mehāniķis

mehaničar

kapteinis

kapetan

zobārsts

zubar

zinātnieks

znanstvenik

rabīns

rabi

imāms

imam

mūks

monah

mācītājs

svećenik

instrumenti

alati

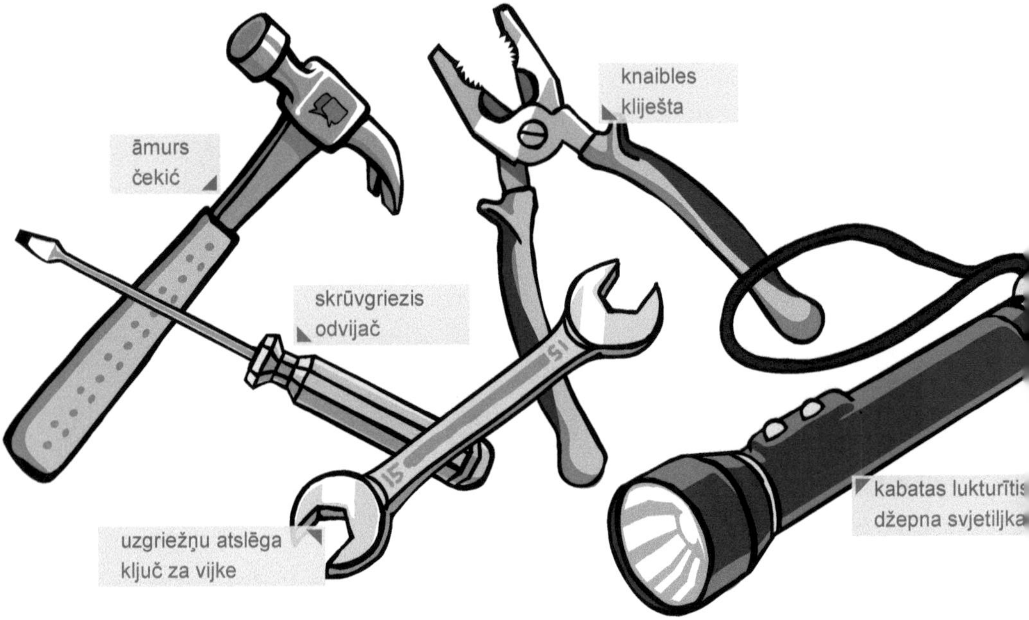
knaibles
kliješta
āmurs
čekić
skrūvgriezis
odvijač
uzgriežņu atslēga
ključ za vijke
kabatas lukturītis
džepna svjetiljka

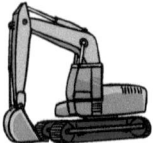

ekskavators

rovokopač

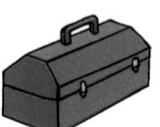

instrumentu kaste

kutija za alat

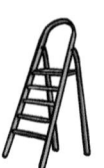

kāpnes

ljestve

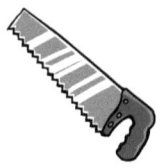

zāģis

pila

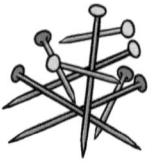

naglas

ekser

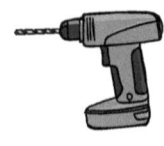

urbis

bušilica

remontēt

popraviti

lāpsta

lopata

Velns!

Sranje!

liekšķere

lopatica

krāsas bundža

lonac za boju

skrūves

vijci

mūzikas instrumenti
glazbeni instrument

skaļrunis
zvučnik

bungas
bubnjevi

ģitāra
gitara

kontrabass
kontrabas

trompete
truba

klavieres

klavir

vijole

violina

bass

bas

timpāni

timpani

bungas

udaraljke za bubnjeve

digitālās klavieres

keyboard

saksofons

saksofon

flauta

flauta

mikrofons

mikrofon

zooloģiskais dārzs

zoološki vrt

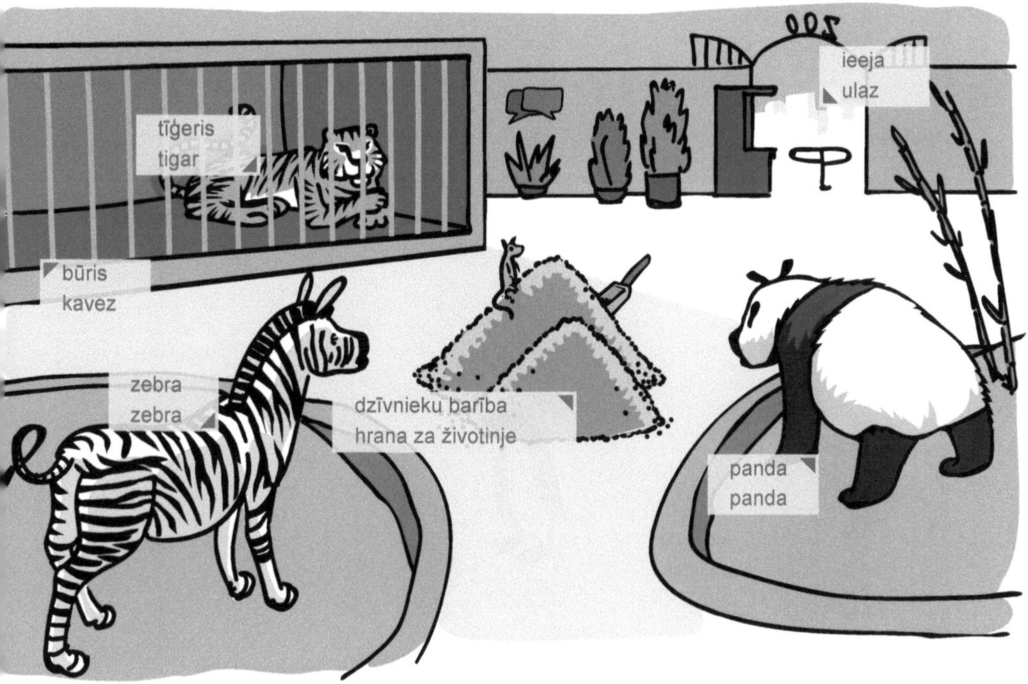

tīģeris
tigar
ieeja
ulaz
būris
kavez
zebra
zebra
dzīvnieku barība
hrana za životinje
panda
panda

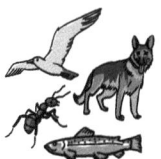

dzīvnieki
životinje

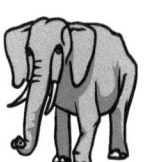

zilonis
slon

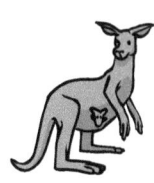

ķengurs
kengur

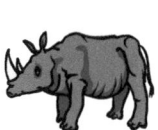

degunradzis
nosorog

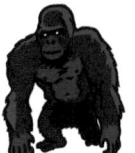

gorilla
gorila

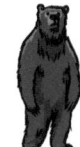

lācis
medvjed

kamielis	strauss	lauva
kamila	noj	lav

pērtiķis	flamings	papagailis
majmun	flamingo	papagaj

polārlācis	pingvīns	haizivs
polarni medvjed	pingvin	ajkula

pāvs	čūska	krokodils
paun	zmija	krokodil

zoodārza sargs	ronis	jaguārs
čuvar u zoološkom vrtu	tuljan	jaguar

ponijs
poni

leopards
leopard

nīlzirgs
nilski konj

žirafe
žirafa

ērglis
orao

meža cūka
divlja svinja

zivs
riba

bruņurupucis
kornjača

valzirgs
morž

lapsa
lisica

gazele
gazela

amerikāņu futbols
američki nogomet

riteņbraukšana
biciklizam

teniss
tenis

basketbols
košarka

peldēšana
plivanje

bokss
boks

hokejs
hockey na ledu

futbols
nogomet

badmintons
badminton

vieglatlētika
atletika

rokas bumba
rukomet

slēpošana
skijanje

polo
polo

smieties
smijati se

lēkt
skočiti

apskaut
zagrliti

iet
ići

dziedāt
pjevati

sapņot
sanjati

lūgt
moliti se

skūpstīt
poljubiti

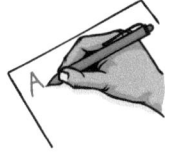

rakstīt

pisati

zīmēt

crtati

rādīt

pokazati

spiest

gurati

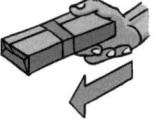

dot

dati

ņemt

uzeti

būt
....
imati

darīt
....
činiti

būt
....
biti

stāvēt
....
stojati

skriet
....
trčati

vilkt
....
povlačiti

mest
....
baciti

krist
....
padati

gulēt
....
ležati

gaidīt
....
čekati

nest
....
nositi

sēdēt
....
sjediti

uzģērbt
....
oblačiti

gulēt
....
spavati

pamosties
....
probuditi se

skatīties
gledati

raudāt
plakati

glāstīt
milovati

ķemmēt
češljati

runāt
govoriti

saprast
razumjeti

jautāt
pitati

dzirdēt
slušati

dzert
piti

ēst
jesti

sakārtot
pospremiti

mīlēt
voljeti

vārīt
kuhati

braukt
voziti

lidot
letjeti

burot

ploviti

rēķināt

računati

lasīt

čitati

mācīties

učiti

strādāt

raditi

precēties

vjenčati se

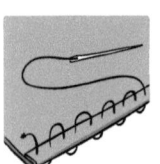

šūt

šiti

tīrīt zobus

prati zube

nogalināt

ubiti

smēķēt

pušiti

sūtīt

poslati

vecāmāte
baka

vectēvs
djed

tēvs
otac

māte
majka

mazulis
beba

meita
kćerka

dēls
sin

viesis

gost

tante

tetka

onkulis

ujak, stric

brālis

brat

māsa

sestra

ķermenis
tijelo

piere
čelo
acs
oko
plecs
rame
pirksts
prst
seja
lice
zods
brada
roka
ruka
kāja
noga
krūtis
grudi
roka
ruka

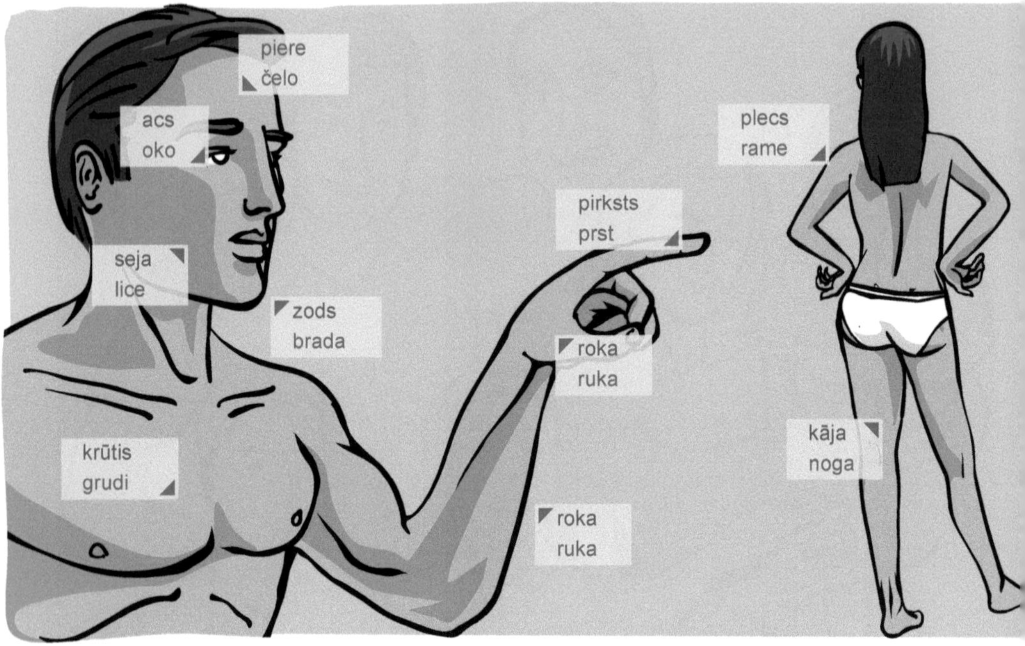

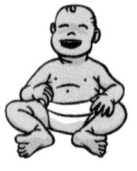

mazulis
beba

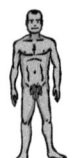

vīrietis
muškarac

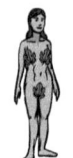

sieviete
žena

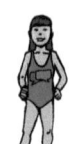

meitene
djevojčica

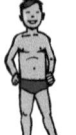

zēns
dječak

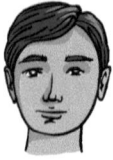

galva
glava

mugura

leđa

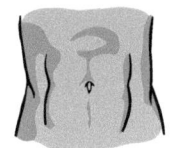

vēders

trbuh

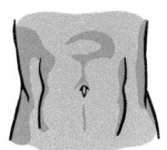

naba

pupak

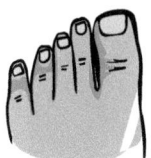

kājas pirksts

nožni prst

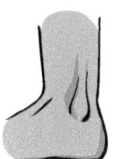

papēdis

peta

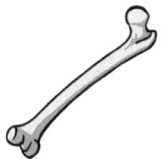

kauls

kost

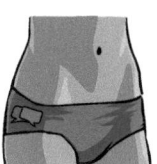

gurns

kuk

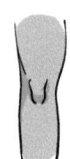

celis

koljeno

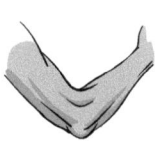

elkonis

lakat

deguns

nos

dibens

stražnjica

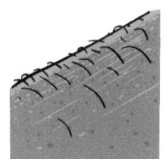

āda

koža

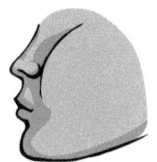

vaigs

obraz

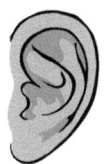

auss

uho

lūpa

usna

mute
....
usta

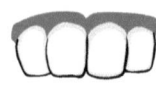

zobs
....
zub

mēle
....
jezik

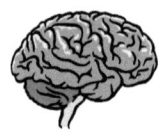

smadzenes
....
mozak

sirds
....
srce

muskulis
....
mišić

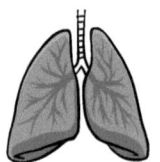

plaušas
....
pluća

aknas
....
jetra

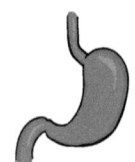

kuņģis
....
želudac

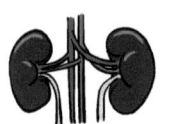

nieres
....
bubrezi

dzimumakts
....
snošaj

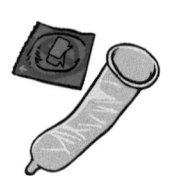

kondoms
....
kondom

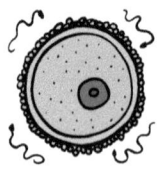

olšūna
....
jajna stanica

sperma
....
sperma

grūtniecība
....
trudnoća

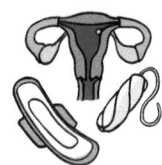

menstruācijas

menstruacija

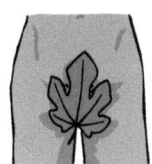

vagīna

vagina

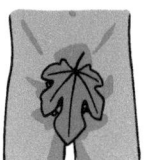

penis

penis

uzacs

obrva

mati

kosa

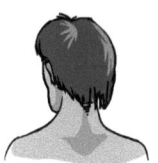

kakls

vrat

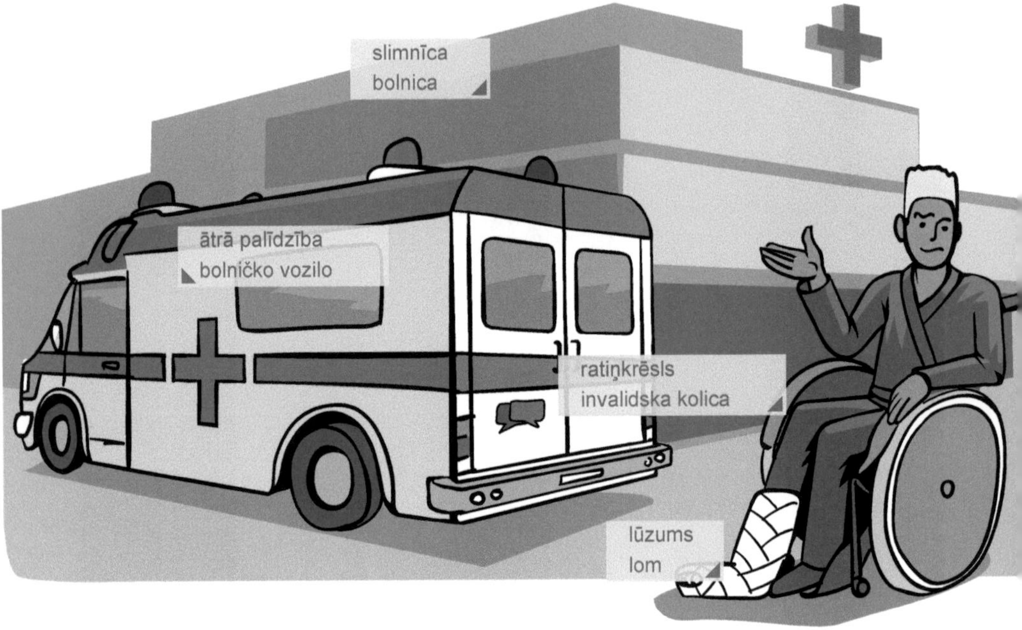

slimnīca
bolnica

ātrā palīdzība
bolničko vozilo

ratiņkrēsls
invalidska kolica

lūzums
lom

ārsts

liječnik

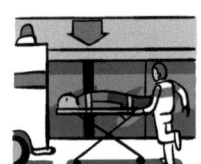

neatliekamās palīdzības nodaļa

hitna medicinska služba

medmāsa

medicinska sestra

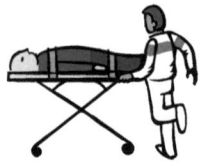

ārkārtas gadījums

hitni slučaj

paģībis

nesvijest

sāpes

bol

ievainojums

ozljeda

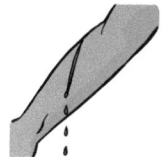

asiņošana

krvarenje

sirdslēkme

srćani infarkt

insults

moždani udar

alerģija

alergija

klepus

kašalj

temperatūra

groznica

gripa

gripa

caureja

proljev

galvassāpes

glavobolja

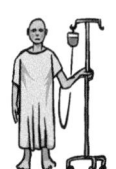

vēzis

rak

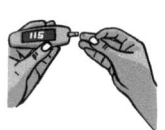

diabēts

dijabetes

ķirurgs

kirurg

skalpelis

skalpel

operācija

operacija

datortomogrāfija

ct

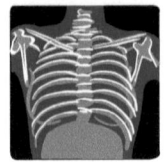

rentgens

rentgen

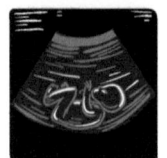

ultraskaņa

ultrazvuk

sejas maska

maska

slimība

bolest

uzgaidāmā telpa

čekaonica

kruķis

štaka

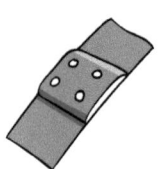

plāksteris

flaster

apsējs

zavoj

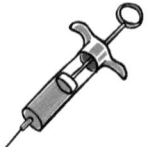

injekcija

injekcija

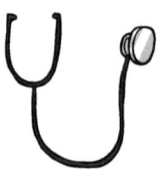

stetoskops

stetoskop

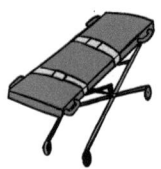

nestuves

nosilo

termometrs

termometar

dzemdības

rođenje

liekais svars

prekomjerna težina

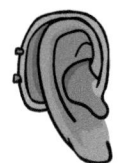

dzirdes aparāts

slušni aparat

dezinfekcijas līdzeklis

sredstvo za dezinfekciju

infekcija

infekcija

vīruss

virus

HIV / AIDS

hiv / sida

zāles

medicina

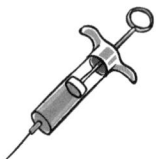

pote

vakcinacija

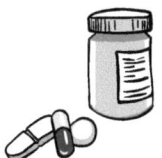

tabletes

tablete

pretapaugļošanās tablete

pilula

ārkārtas izsaukums

poziv u pomoć

asinsspiediena mērītājs

uređaj za mjerenje tlaka

slims / vesels

bolesno / zdravo

Palīgā!

pomoć!

trauksme

alarm

uzbrukums

nasrtaj

uzbrukums

napad

bīstamība

opasnost

avārijas izeja

izlaz za nuždu

Uguns!

požar!

ugunsdzēšamais aparāts

vatrogasni aparat

negadījums

nezgoda

pirmās palīdzības aptieciņa

kofer prve pomoći

SOS

sos

policija

policija

Eiropa

Europa

Ziemeļamerika

sjeverna amerika

Dienvidamerika

južna amerika

Āfrika

Afrika

Āzija

Azija

Austrālija

Australija

Atlantijas okeāns

Atlantik

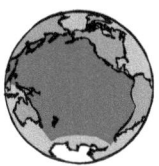

Klusais okeāns

Pacifik

Indijas okeāns

ocean

Dienvidu okeāns

antarktički ocean

Ziemeļu ledus okeāns

arktički ocean

Ziemeļpols

sjeverni pol

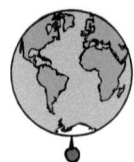

Dienvidpols

južni pol

Antarktika

Antarktik

zeme

zemlja

zeme

zemlja

jūra

more

sala

otok

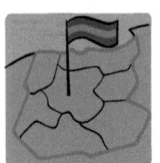

nācija

nacija

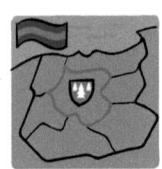

valsts

država

ciparnīca

brojčanik sata

stundu rādītājs

satna kazaljka

minūšu rādītājs

minutna kazaljka

sekunžu rādītājs

sekundna kazaljka

Cik ir pulkstenis?

Koliko je sati?

diena

dan

laiks

vrijeme

tagad

sada

digitālais pulkstenis

digitalni sat

minūte

minuta

stunda

sat

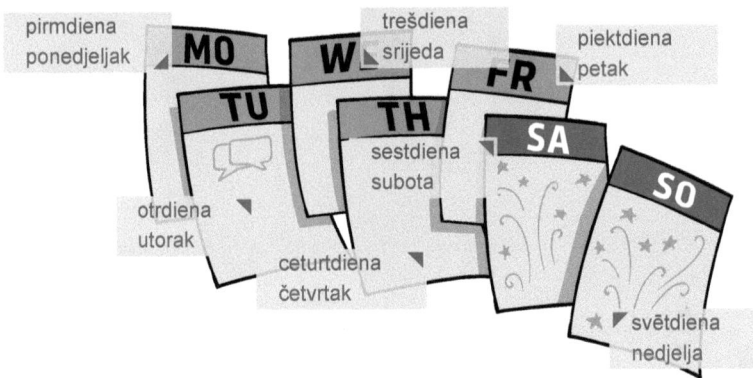

pirmdiena
ponedjeljak

trešdiena
srijeda

piektdiena
petak

otrdiena
utorak

sestdiena
subota

ceturtdiena
četvrtak

svētdiena
nedjelja

vakardien

jučer

šodien

danas

rītdien

sutra

rīts

jutro

pusdienlaiks

podne

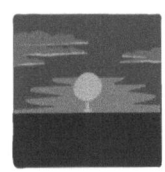

vakars

večer

darbadienas

radni dani

brīvdienas

vikend

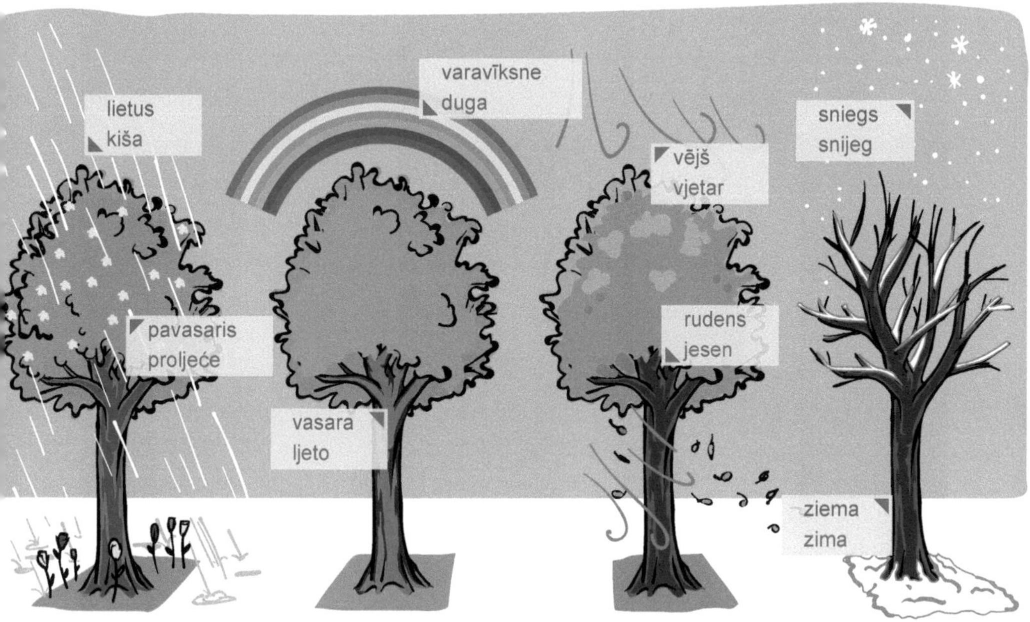

lietus
kiša
varavīksne
duga
vējš
vjetar
sniegs
snijeg
pavasaris
proljeće
rudens
jesen
vasara
ljeto
ziema
zima

4.APRIL 11°
5.APRIL 4°
6.APRIL 13°
7.APRIL 8°
8.APRIL 10°

laika prognoze

meteorološka prognoza

F C
120 40
90 30
60 20
30 10
0 0
-30 -10
-20

termometrs

termometar

saules gaisma

sunčana svjetlost

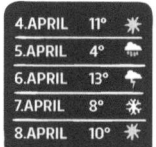

mākonis

oblak

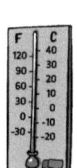

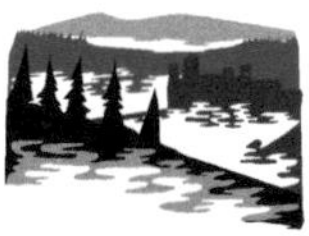

migla

magla

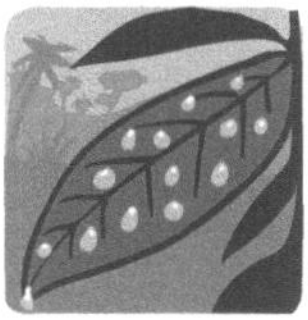

gaisa mitrums

vlažnost zraka

zibens

munja

pērkons

grmljavina

vētra

oluja

krusa

tuča

musons

monsun

plūdi

poplava

ledus

led

janvāris

siječanj

februāris

veljača

marts

ožujak

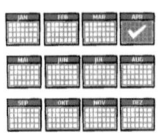

aprīlis

travanj

maijs

svibanj

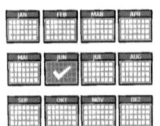

jūnijs

lipanj

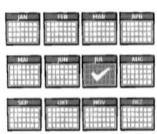

jūlijs

srpanj

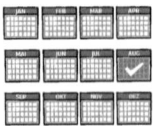

augusts

kolovoz

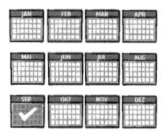

septembris
....
rujan

oktobris
....
listopad

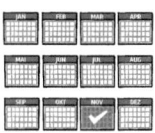

novembris
....
studeni

decembris
....
prosinac

aplis
....
krug

kvadrāts
....
kvadrat

četrstūris
....
pravokutnik

trīsstūris
....
trokut

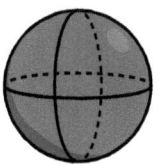

lode
....
kugla

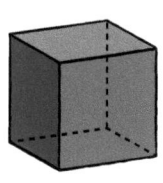

kubs
....
kocka

balts

bijela

dzeltens

žuta

oranžs

narančasta

sārts

ružičasta

sarkans

crvena

lillā

ljubičasta

zils

plava

zaļš

zelena

brūns

smeđa

pelēks

siva

melns

crna

daudz / maz
mnogo / malo

saniknots / miermīlīgs
ljutito / mirno

skaists / neglīts
lijepo / ružno

sākums / beigas
početak / kraj

liels / mazs
veliko / maleno

gaišs / tumšs
svijetlo / tamno

brālis / māsa
brat / sestra

tīrs / netīrs
čisto / prljavo

pilnīgs / nepilnīgs
potpuno / nepotpuno

diena / nakts
dan / noć

miris / dzīvs
mrtvo / živo

plats / šaurs
široko / usko

baudāms / nebaudāms

jestivo / nejestivo

nikns / laipns

zlo / dobro

satraukts / garlaikots

uzbuđeno / dosadno

resns / tievs

debelo / mršavo

pirmais /pēdējais

na početku / na kraju

draugs / ienaidnieks

prijatelj / neprijatelj

pilns / tukšs

puno / prazno

ciets / mīksts

tvrdo / mekano

smags / viegls

teško / lagano

izsalkums / slāpes

glad / žeđ

slims / vesels

bolesno / zdravo

nelegāls / legāls

ilegalno / legalno

inteliģents / dumjš

pametno / glupo

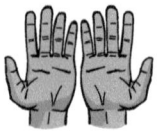

kreisais / labais

lijevo / desno

tuvu / tālu

blizu / daleko

jauns / lietots

novo / rabljeno

nekas / kaut kas

ništa / nešto

vecs / jauns

staro / mlado

ieslēgts / izslēgts

uključeno / isključeno

atvērts / slēgts

otvoreno / zatvoreno

kluss / skaļš

tiho / glasno

bagāts / nabags

bogato / siromašno

pareizi / nepareizi

točno / pogrešno

raupjš / gluds

hrapavo / glatko

noskumis / laimīgs

tužno / sretno

īss / garš

kratko / dugo

lēns / ātrs

polako / brzo

slapjš / sauss

mokro / suho

silts / vēss

toplo / hladno

karš / miers

rat / mir

0

nulle

nula

1

viens

jedan

2

divi

dva

3

trīs

tri

4

četri

četiri

5

pieci

pet

6

seši

šest

7

septiņi

sedam

8

astoņi

osam

9

deviņi

devet

10

desmit

deset

11

vienpadsmit

jedanaest

12

divpadsmit

dvanaest

13

trīspadsmit

trinaest

14

četrpadsmit

četrnaest

15

piecpadsmit

petnaest

16

sešpadsmit

šestnaest

17

septiņpadsmit

sedamnaest

18

astoņpadsmit

osamnaest

19

deviņpadsmit

devetnaest

20

divdesmit

dvadeset

100

simts

stotinu

1.000

tūkstotis

tisuću

1.000.000

miljons

milijun

anglu
....
engleski

amerikāņu anglu
....
američko engleski

ķīniešu mandarīnu valoda
....
kinesko mandarinski

hindi
....
hindi

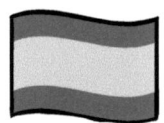

spāņu
....
španjolski

franč
u
....
francuski

arābu
....
arapski

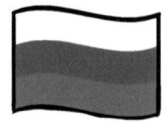

krievu
....
ruski

portugāļu
....
portugalski

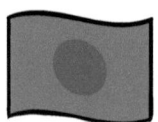

bengāļu
....
bengalski

vācu
....
njemački

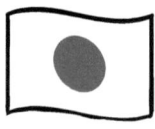

japāņu
....
japanski

es
ja

tu
ti

viņš / viņa
on / ona / ono

mēs
mi

jūs
vi

viņi / viņas
oni

kas?
tko?

ko?
što?

kā?
kako?

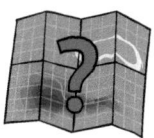

kur?
gdje?

kad?
kada?

vārds
ime

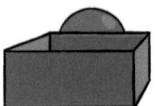

aiz

iza

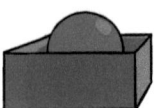

iekšā

u

priekšā

ispred

virs

preko

uz

na

zem

ispod

blakus

pored

starp

između

vieta

mjesto